마법의 성

마법의 성

발행일   2020년 7월 24일

지은이   김은정
펴낸이   손형국
펴낸곳   (주)북랩
편집인   선일영   편집   강대건, 윤성아, 최예은, 최승헌, 이예지
디자인   이현수, 한수희, 김민하, 김윤주, 허지혜   제작   박기성, 황동현, 구성우, 권태련
마케팅   김회란, 박진관, 장은별
출판등록 2004. 12. 1(제2012-000051호)
주소   서울특별시 금천구 가산디지털 1로 168, 우림라이온스밸리 B동 B113~114호, C동 B101호
홈페이지 www.book.co.kr
전화번호 (02)2026-5777   팩스   (02)2026-5747

ISBN   979-11-6539-322-9 03680 (종이책)   979-11-6539-323-6 05680 (전자책)

이 도서의 국립중앙도서관 출판예정도서목록(CIP2020029838)은 서지정보유통지원시스템 홈페이지(http://
seoji.nl.go.kr)와 국가자료공동목록시스템(http://www.nl.go.kr/kolisnet)에서 이용하실 수 있습니다.
(CIP제어번호: CIP2020029838)

김은정 희곡집

마법의 성

북랩 book Lab

등장인물:	풀잎, 바람, 빗방울, 산새, 죽음의 그림자, 숲속의 친구들(토끼, 다람쥐, 노루, 파랑새)

배경:	깊은 숲속 가녀린 가을바람이 생명을 부추길 때 가을 햇살은 더욱 따사롭다. 문득 풀잎은 바람의 향기에 취해 숲속 친구들과 노래 부르며 춤을 춘다. 발랄하지만 고요한 숲속 뒤편에서 풀잎을 차지하려는 죽음의 그림자가 썩은 뿌리로 나무들을 휘감은 채 어둠으로 몰아가고 있을 때쯤 풀잎은 더욱더 아름답게 사랑의 찬가를 외고 있었다.

차
례

○

1막

첫 만남

풀잎: 가로수 거닐다 본 노오란 단풍잎에는
그대의 숨결이 있나요?
바람 불어 붉은 잎들이 한 잎, 두 잎
떨어져도 어여쁜가요?
잎은 햇살과 비바람에 묵묵히 떨어지
는 순간에도 사랑을 노래하네요.
어둠이 몰려오지만, 한 줄기 빛으로 그
대의 얼굴을 밝히네요.
그댄 꿈속의 사랑을 그려 보았나요?
얼어붙은 심장 깊이 스며드는 카나리
아의 아름다운 노랫소리도 잠든 그대
를 깨우지 못하고 죽었다 하네요.
하늘 위로 손을 뻗어 잡아보려 하지만
그대 눈동자에 아른거리기만 하네요.
그대와 난 어쩌다 눈이 멀었지요.
그대 음성은 나의 마음을 울리고 보석
처럼 닫아 두어도 울려 퍼지네요.

하늘로 오르고 올라서 자욱한 안개처
럼 잃었다가 찾으면 닫히고, 닫히듯 열
리면 하나 되듯 인연을 약속하고 사랑
을 속삭여요.
새침한 아씨처럼 잊고 있어도 그대 사
랑!
허공의 메아리처럼 따스한 제 가슴을
두드리며 부드럽게 돌아오네요!
말없이 작다란 그대 입맞춤은 사랑이
가득해요.

바람: 내 사랑 그대 얼굴 모르지만 제 마음
을 끄는 그 사랑은 놓아 드릴 수가 없
군요. 천의 얼굴을 한 그대에게서 빠져
나올 수가 없군요.
옛 여인을 떠나보낸 한구석의 텅 빈
숲 푸른 사과는 어느새 탐스럽게 익어

가는군요.

제 마음도 익어가는 계절에서 멈추니
겨울바람 고독으로 더해 가는군요.

많은 여인이 치맛자락 들썩이며 옷깃
을 스쳐도 내 심장은 잠들 뿐….

내 사랑 오직 영혼의 달콤함이여!

영혼의 손짓으로 난 그 무언가의 마력
에 이끌려 그대 허락 없이 입맞춤을
하였군요.

점잖지 못한 저의 불손을 조금이나마
용서해 주실 수 있나요?

잠잠하다가도 거센 풍랑으로 파도가
휘몰아치듯 제 사랑 밀물 되면 애타던
그대 입술에 사랑을 언약하지요!

아, 그대! 나의 여인이 되어 주오!

1막 2장

사랑의 속삭임

풀잎: 하늘의 구름을 보아요.
저토록 푸르고 맑은 하늘에 강렬히 타
오르는 태양은 꽃봉오리 같은 제 마음
을 찾아서 붉어질까 조심스레 구름 빛
으로 가려 주네요.

바람: 사랑하는 임이여!
수줍어 말아요!
태양에 가려진 그대 얼굴 그리워 깊고
깊은 산기슭을 하염없이 걸었어요!
꿈속을 그리던 그대를 찾아서 더없이
높이 날던 제 날개조차 날갯죽지의 상
처로 흐느적거리는군요!

풀잎: 눈을 뜨면 내 사랑 그리워 숲속을 거
닐다 나의 임 보셨나요?
내 사랑 어디에 있나요?

영혼을 잃고 찾아 헤매다 보면 흰 속
살의 발은 돌 더미에 부딪혀 상처로 가
득하네요. 들꽃들도 바람이 불면 몸짓
을 하는데 나의 마음은 그대 얼굴 그
리워 그리움으로만 가득하네요.

바람: 바람이 불면 난 그곳을 따라 끝없이
손을 뻗어 그대를 잡으려 하지요.
그러면 그대는 더욱더 달아나 버리는
군요.
제가 야수 같은가요? 아니면 나뭇잎을
밀치고 불어대는 바람 소리를 짐승으
로 아셨나요? 무서워 말아요. 난 죽기
전까지 그대와 함께할 미카엘이오.
그대를 포근하게 감싸줄 기사의 팔이
되고 싶군요.

풀잎: 달빛에 물든 그대의 얼굴은 어쩜 이토록 사랑스러운가요?

도톰한 입술로 고요히 잠든 제 가슴에 불을 놓으시네요.

뜨겁게 타오르는 불의 바람이여! 재가 될지언정 우리, 하나가 되어요!

사랑의 속박이 되어도 쇠사슬로 영원토록 풀려날 수 없는 마법의 주문을 걸어요!

바람: 그대는 내게 이름을 불러주오!

그대의 음성이 내 귓가를 울릴 때 난 그대의 것이고 그대는 나의 것이오!

그대 음성이 없다면 나의 존재도, 그 무엇도 의미가 없다오!

그대만이 나의 전부이고 나의 희망이오!

그대의 사랑이 내 뼛속에 물들지 않는
다면 난 의미 없는 바람 한 점, 먼지
한 가닥일 뿐이오!
그대의 사랑으로 나의 슬픔은 커져만
간다오!
내 손을 잡아 주오!
지옥의 길로 든다 하여도 난 그대와
영원토록 함께할 거요.

빗방울의 합창: 불타는 이 연인들의 가슴을 부르는 하
늘이여!
천둥 번개와 부드러운 바람으로 숲속
을 흔들어 깨울까요?
한 방울, 두 방울 두 연인의 꼭 다문
꽃봉오리 위로 정결을 씻기자 갑자기
연이어 세차게 내리는 빗방울이 소나
기를 뿌린다.

음향 효과:　　　　　쏴아아 쏴아 투두둑 톡톡톡

1
막
3
장

고요한 숲속

해설:　　　　　풀잎과 바람은 빗방울의 축복으로 젖
　　　　　　　어 든다.
　　　　　　　고요한 숲을 감도는 바람이 늠름하고
　　　　　　　따스한 가슴으로 풀잎의 몸을 감싼다.
　　　　　　　가녀린 풀잎에서 피어나는 열기가 바
　　　　　　　람의 입맞춤으로 하나 되자 생명의 푸
　　　　　　　른빛은 서서히 벗겨지며 우윳빛의 알
　　　　　　　몸으로 태어난 여인의 그 짙은 향기는
　　　　　　　숲속으로 퍼져 나간다. 숨어서 우는
　　　　　　　바람 소리는 풀잎 속 온몸으로 불어
　　　　　　　넣을수록 움트나고 생명의 메아리는
　　　　　　　흩어질 수 없는 사랑의 언약으로 꽃을
　　　　　　　피운다.
　　　　　　　태양은 떠오른다. 알몸으로 누워있던
　　　　　　　두 연인은 잠들었다.

풀잎:　　　　　내 사랑이여!

점점 붉게 타오르는 태양을 보아요!
그대 심장은 저 태양보다 더욱 찬란하
기에 당신을 떠나보낼 수가 없네요!

바람: 오, 내 임이여!
숲속의 빼어나다는 저 소나무들을 보오.
당신의 구슬프고 가녀린 손가락에 취
해 가시 돋친 그 어떤 나뭇가지들도 그
대 앞에서는 잠들 거요.
땅속 깊이 세월의 흔적을 말하는 뿌리
들을 보오.
그대의 가느다랗게 빼어난 다리와 부
드러운 젖가슴은 온 세상의 빛이 되어
주오.

풀잎: (눈물을 흘리며) 그대와 난 하늘의 축복
속에서 하나가 되었어도 새벽종이 열

두 번 울리면 난 홀로 남아요.

그대가 다시 제 곁으로 오시길 기다리
며 보내는 시간들이 어찌 이토록 야속
할까요?

바람:　　　　그대의 마음을 잘 아오.

회오리바람처럼 몰고 다니는 그곳은
해가 뜨는 그 순간부터 당신을 잃을까
마법의 사슬로 채워두었소.

산새들의 합창:　지지배배 찌르르 찌르르 지지배배

해설:　　　　작고 희귀한 새들이 숲속을 메우며 찬
미한다.

풀잎과 바람은 긴 시간의 어둠 속에
갇혔다.

풀잎은 사랑하는 임을 그리며 바람에

게 지어줄 멋진 옷을 뜨개질한다.
태양이 서서히 기울자 어디선가 천둥
번개 같은 요란한 말발굽 소리가 들려
온다.

2막

죽음의 검은 그림자

배경:	숲속은 희미한 어둠으로 짙어져 가고 있다.
	풀잎은 바람을 그리워하며 초록 털실로 민무늬 조끼를 뜨며 하늘을 우러러본다.
	걷잡을 수 없는 폭풍 같은 우렛소리를 몰고 온 형체, 온통 검은 형상을 한 사수가 풀잎을 팔에 안은 채 사라져간다.
숲속의 친구들:	토끼, 다람쥐, 노루가 등장한다.
	그들은 풀잎을 쫓아가 손을 뻗어 보았다.
	그러나 풀잎이 영원의 문으로 스며드는 순간 그 흔적은 어디에도 없다.
토끼:	풀잎 아씨! 어찌해! 불쌍해서!

다람쥐:	더욱 어두워지기 전에 숲속을 좀 더 찾아보자.
	애타게 찾으면 분명히 티끌만큼의 흔적이라도 찾아낼 수 있을 거야!
노루:	어여쁜 풀잎 아씨!
	아씨 얼굴 뵈러 곧 바람님이 달려오실 시간이야!
	풀잎 아씨 사라진 것을 알면 바람은 죽음과 같은 삶이 되려나…. 아, 가련하다!
	그 누가 이 연인들의 사랑을 시기하여 아씨를 앗아갔단 말인가?
	하늘이여! 땅이여!
	정말 가혹하군요!
바람:	(들국화 한 아름 안으며 숲속의 향기를 더한

채 풀잎을 향해 달려간다)

내 사랑!

내 가슴에 가득 담긴 들국화 향기를
보았소?

어서 나와 보오!

그대 모습이 잠시 안 보인다 하여 나의
마음이 저어할까 보오?

아리따운 그대!

올리브나무 뒤에 숨었소?

짓궂은 장난은 이제 그만 하오!

나, 그대 그리워!

잠시라도 그대와 떨어져 있는 이 순간
조차 가슴 아프오!

이리 나와요!

나에게 그대 얼굴 비추어 주오.

해설: 산새들은 바람의 마음을 더욱더 애타

게 하듯 구슬프게 지저귄다.

파랑새: 바람님! 풀잎 아씨가 검은 사수에게
잡혀갔어요!
뒤를 따라가 보려 했지만, 어디론가 소
리 없이 사라졌어요!
풀잎 아씨의 비명은 온 숲속으로 칼날
처럼 뻗어 나갔지요!

바람: (한 아름의 들국화는 온 사방으로 흩어지며
바람의 가슴에 비수를 더한다)
하늘이여! 제게 어찌 이런 시련을 주시
나이까?
제 심장과도 같은 풀잎을 앗아가시면
저의 생명감도 곧 빛을 잃으며 죽어가
나이다.
오직 하나뿐인 별을 감추어 버리시니

눈동자는 희미해져 가고, 반쪽 심장은
굳은 채 무감각해져 가나이다. 무쇠
같은 다리는 힘이 풀려서 걸을 수조차
없나이다.
내 사랑이여!
나에게 주검의 칼을 건네주오!
나의 심장이 더욱 검게 타들어 재가
되어 그대 곁으로 가오리다.

해설: 바람은 장검을 꺼내어 무릎을 꿇고 심
           장에 꽂으려 한다.
           그 순간 파랑새가 초록색의 실꾸러미
           를 물고 바람 앞에 나타난다.

파랑새: 바람님! 이것 보셔요! 칼을 거두셔요!
           풀잎 아씨가 뜨시던 초록의 실꾸러미
           가 길게 놓여 있어요.

풀잎 아씨를 찾으러 꾸러미를 따라가
보아요!

배경: 세찬 칼바람은 바람의 온몸을 가혹하
게 내리친다.
그러나 그럴수록 그의 의지는 더욱 강
렬하게 풀잎만을 그리며 죽음의 그늘
진 골짜기를 건너가려고 한다.
그는 단 한 번도 피를 부르지 못한 사
랑의 장검을 들고 일생에서 오직 한 번
만 부를 수 있는 천마를 타고 십자의
삽옷을 두르고 죽음을 쥐었다.

바람: 난! 이 칼을 든 순간부터 이 세상을 떠
났다. 풀잎의 심장이여!
결코 죽어서는 아니 되오! 나와 그대
는 영원불멸의 하나인 몸이요.

빛과 어둠이 교차하는 이 시차에 그대
를 구하러 가려 하오!

유령의 성

해설: 온통 얼음 조각으로 둘러싸인 궁전 안에서 풀잎은 생명이 멈춘 채로 사각 얼음관 속에 갇혀서 머리칼을 휘날리며 잠들어 있다. 그녀의 기다란 새하얀 드레스의 한쪽은 심장이 찢어진 듯한 그녀의 고통에 몸부림치듯 휘날리고 있다. 열 손가락은 검은 사수에게 저항이라도 한 듯 핏자국으로 얼룩져 있고 눈동자는 지친 듯 감겨 있으며 여린 발가락은 푸른색으로 얼어붙어 있다.

배경: 숲을 가로질러 끝없이 펼쳐진 들판을 걷다 보면 미로의 문이 있다.
그 앞에는 그 누구도 풀 수 없을 듯한 십자 무늬가 그려져 있다.
게다가 그곳에는 생명의 손이 닿는 그 순간 모두 재가 되어 사라지는 저주의

층계가 있다.
그 계단을 오르면 오를수록 인간은 영
혼이 깎인다. 결국 추악한 형상만 남
은 채로 돌아서는 그 모습은 도저히
흉측하여 두 눈으로는 더 이상 볼 수
없을 지경이 되고, 저주의 비명은 커져
만 간다.

바람: 주검이여! 내게로 오라!
이 장검의 끝을 향해 냉랭한 기운만이
감도는 그곳으로 난 그대를 찾으러 떠
나오!
타오르는 눈동자의 불빛도 꺼진 채 천
마는 달린다!

배경: 태양마저 바람의 마음을 알고 있는가?
살며시 떠오르다가 고요히 넘어간다.

천마의 말발굽도 서서히 멈추듯이 타
박타박 걸으며 고개 숙일 때면 노을은
바람을 잠재우듯 열기를 안으로 감싸
며 붉게 타들어 간다.
그때 저편 유령의 섬에서 어둠의 그림자
가 호탕하게 웃는 소리가 울려 퍼진다.

죽음의 그림자: 으하하! 난 풀잎의 모든 빛을 죽여 버
리고 이 세상 그 무엇도 볼 수 없도록
오직 나! 어둠만이 풀잎을 볼 수 있다.
그 어떤 사람도 풀잎을 빼내어 갈 수
없어.
얼굴 없는 나! 어둠의 그림자만이 그대
를 썩지 않도록 지금처럼 영원히 잠들
게 할 것이다. 이 냉기는 모든 인간의
심장을 얼게 할 만큼 살벌하지!
으음! 내 전 존재의 주검만이 핏기없는

아름다움으로 세상을 구원할 수 있지!
(더 크게 으하하하! 그의 비장한 웃음소리
는 유령의 성 밖으로 울려 퍼진다)
어둠의 그림자는 풀잎이 완전히 잠든
줄 알고 천하를 얻은 듯이 호탕한 웃
음을 짓지만, 그 연인들의 사랑은 어둠
의 그림자조차 죽게 할 수 없는 무한
하고도 아주 작은 붉은 기운이 되어
얼음관 속을 흐르고 있었다.

풀잎: (잠든 채 꿈을 꾸고 있다)
온 세상이 암흑으로 물든다 하여도 내
임은 결코 어둠과 묶어질 수 없다는
것을 다만 사랑으로 알 수 있어요!
내 사랑하는 임은 기나긴 이 시간을
어디서 헤매고 있을까?
아, 바람이여! 이 죽음마저도 그대를

기다리고 있어요.

숲속: 시간과 공간을 초월한 혼란의 시점에서도 바람은 잠결에 풀잎의 애절한 음성을 듣고 힘을 얻는다. 바람은 비축해 둔 양식도 다 떨어져 갈 무렵 천마의 고삐를 붙잡고 풀밭 위를 걸어가고 있다. 이때 문득, 풀잎의 갈색 스카프는 길 잃은 나그네의 안내자가 되려는 듯 나뭇가지에 걸려 있었고 풀잎이 뜨고 있던 초록색의 털실이 바짝 마른 나뭇잎 위로 길게 놓여 있었다.

바람: 허기진 나의 목젖에 물을 축이는 한 가닥의 털실이 나에게 희망을 주는구나! 오! 나의 신이시여! 나! 그대 잃지 않았소!

풀잎의 향기가 배어 있는 이 갈색 스카
프에서는 아직도 생명이 숨 쉬고 있소!
끝없이 펼쳐진 이 광활한 죽음의 길에
서 신은 저를 버리지 않으셨나이다.
그러나 신이시여! 어디까지 걸어가야
하오리까?
활활 타오르는 정력도, 용사는 눈이
멀어 망막해져 가나이다.
그토록 사랑했던 임을 잃고 찾아 떠나
는 이 길목에서 단 한 줌의 희망을 주
는 그대는 진정 사랑이었소.

해설: 바람은 기운을 차리고 천마의 등에 올
라타서 힘차게 달려간다.

숲속들의 합창: 산새들과 나뭇잎들은 이 연인들의 사
랑의 슬픔을 마음 아파하며, 한편으로

는 불어오는 작다란 희망을 축복해 주며 〈베토벤 소나타 3악장 비창〉을 연주한다.

숲속의 합창은 점점 더 빠르게 흘러간다.

해설:

바람은 갈색 스카프를 풀잎의 생명줄로 여기며 자신의 목에 감는다.

그리고 오른손에 초록색 털실을 꼭 쥐고 계속해서 질주한다.

풀잎이 바람의 거울 카디건을 절반쯤 뜨고 있을 즈음이자, 어둠의 그림자와 함께 소리 없이 사라졌을 때였다.

초록색 실꾸러미는 마치 담벼락의 담쟁이처럼 감겼다가 풀어진 흔적들을 보여 주었으나, 이내 끊어지고 지금은 온전한 직선의 털실만이 길 안내인인

듯 이어져 갔다.

그러나 곧 바람의 손에서 끊어져 갈 무렵에 혹독한 겨울눈이 세차게 눈보라로 몰아친다.

바람: 그 뜨거운 태양보다 더하게 불타던 내 가슴이여!

겨울 눈보라에게는 연민도, 사랑도 없구나!

한 줄기의 빛도 짙은 먹구름에 가려진 채로 나의 눈동자를 앗아가려 하는구나!

감각조차 잃어 가는 내 손과 발은 칼바람에 잘리듯 피고름을 쏟아내고 있다. 아! 천마도 길을 잃고 양식마저 떨어져 비참으로 얼어붙은 땅 위에 절로 무릎이 굽혀진다. 천마도 겨울 눈보라

속에서 주검을 맞이하니 지금 내 곁엔
추위와 고독만이 자리한 채 풀잎의 흔
적도 희미해져 가는구나!

풀잎: (잠든 풀잎은 얼음관에서 또다시 꿈을 꾼다)
이젠 영영! 그대를 볼 수 없는 건가요?
냉혹한 추위가 그대의 육신을 앗아가
도 그 무엇도 우리 사랑의 언약을 앗
아갈 수는 없어요! 앞이 보이지 않고
움직일 수 없어도 내가 그대의 길잡이
가 되어 줄게요.
제발! 기운 차리고 힘내세요! 일어나
요!

해설: 풀잎의 간절한 음성이 시간과 공간을
초월하여 바람의 심장에 불을 불어넣
었다.

어디선가 들려오는 풀잎의 소리는 지
독한 추위 때문에 잠시 잠들었던 바람
의 심장을 일깨웠다.

바람: 어둠만이 있고 생명조차 한 줌 피어나
지 못하는 이곳에서 누군가가 나를 부
른다.
주검으로 사라져가는 이 육신에 빛으
로 다가오는 그대는 누군가?

해설: 바람은 알 수 없는 소리를 찾아 얼어
붙은 몸을 세우고 앞으로 걸어간다.

배경: 겨울밤은 지나고 눈보라는 그쳤다. 날
이 밝아 오면서 하늘은 그 어떤 색으
로도 나타낼 수 없을 만큼 푸르름으로
높아만 갔다.

바람: 하늘아! 하늘아! 나의 희망을 보여 주
는 푸르름이 얼어붙은 산과 바다를 녹
이는구나!
얼음도 강렬한 햇살 아래서 무릎 꿇고
생명의 줄기도 새싹을 피우는구나!

해설: 천지가 쌓인 눈으로 가득해도 일부분
이 녹아나자 바람은 풀잎을 찾아서 다
시 길을 떠났다. 손에 꼭 쥔 털실 한
가닥. 식량도 완전히 끊어진 채 다만
허름해진 천 조각을 걸치고, 신발은
낡아서 걸을 수조차 없었다. 그의 발
가락들은 험한 곳을 가로질러 오느라
여러 갈래로 갈라지고 터져 있었다. 그
는 아무것도 지니지 않았다.

바람: 난! 한 달째 아무것도 먹지 못하였다.

입술은 가뭄이 일듯 말라 가는구나.
으음! 쌓인 눈을 먹자! 얼음을 먹자!
정말 달콤하구나!

해설:

바람은 두 손을 고이 접어 모아 한 모
금으로 목을 축인다.
눈 한 움큼에 기운을 간신히 차리고
조금 걷다 보니 인간으로서는 도저히
건너갈 수 없을 만큼 수심이 깊고 아
득히 머나먼 큰 강이 육지를 갈라놓았
다. 칼바람 같은 눈보라와 추위로 강은
두껍게 얼어 있었다. 바람은 건너 보려
고 여윈 몸을 이끌고 얼음 강 위로 한
걸음씩 조심스럽게 발을 놓아 보았다.
얼음 강은 듬성듬성하게 얼어서 잘못
디디면 결코 살아서 돌아올 수 없는
죽음의 강이었다. 한참을 건너다보면

얼음 강 사이사이에 빈틈이 있었다.
바람은 이 광경을 보자 잠시 돌이키며
멈칫거렸다. 두려운 나머지 건너던 강
에서 되돌아왔다. 바람은 얼어붙은 강
이 강물이 되어 흐를 때까지 기다려
보기로 했다. 그러나 이 냉혹한 겨울날
은 거처도 없이 세월을 보내기에는 죽
음의 나날들이었다.

바람: 꽁꽁 언 얼음길 저편에는 햇살이 가득
              하니, 행여나 희망이 있을 거야!

해설: 바람은 아주 작지만 한 주먹의 희망을
              움켜쥐고 사흘 동안 길을 걸으며 인적
              이 있는지 살펴보았다. 그런데 저 멀리
              서 마을 사람들이 웅성대는 소리가 들
              렸다.

바람: 일주일째 허기진 나의 두 눈동자에 들어오는 희미한 저들의 형체는 무엇이란 말인가?

세상의 환희

바람의 시야로 1㎞쯤 되어 보이는 거리
에서 마을 사람들이 짐승 가죽의 털옷
을 두껍게 입고 털모자를 쓰고 분주하
게 소나무를 옮기고 있었다.

나침반과 시계를 잃어버린 지 까마득
한 날들, 걸잡을 수없이 꽤 먼 시간들
이 바람 앞에 멈추어 섰다. 그날은 바
로 크리스마스이브였다.

시골 거리 위에 아이들의 웃음소리가
퍼져 나갔다. 바람은 다 헌 바지와 여
기저기 찢어진 양털 신 차림에 발가락
의 절반은 동상에 걸려 무감각해져 있
었다.

바람은 허기를 채우려고 방금 빵 가게
에서 갓 구운 모카 빵을 들고 가는 들
꽃에게 손을 내밀었다. 들꽃은 바람을
보자 난롯불을 지펴서 온 집 안을 따

스하게 달군 집으로 바람을 데리고 갔
다. 그리고 들꽃은 양젖을 얼른 짜서
우유를 데우고 식탁 위에 빵을 차려
주었다. 바람은 들꽃에게 고맙다는 인
사도 잊은 채 허겁지겁, 주섬주섬 두
눈동자가 튀어나올 듯 무작위로 먹어
대었다.

들꽃: 당신의 이름은 뭐예요?

바람: 나는 바람이오.

들꽃: 어디에서 오셨나요?

바람: 눈보라를 맞으며 두 개의 산맥을 넘었
         소.

들꽃: 무슨 일로 이토록 먼 길을 떠나오셨나요?

바람: 사랑하는 여인을 잃은 후로 한잠도 못 자고 그 이후로 줄곧 그녀를 찾고 있다오.

들꽃: 그녀의 이름은?

바람: 풀잎이오.

들꽃: 혹독한 추위 때문에 지금 움직이기에는 위험해요.
눈보라가 멎고 봄기운이 들 때까지 이곳에서 머물다 가세요.

바람: 들꽃님은 홀로 사시는가요?

들꽃:	10년 전에 남편이 하늘나라로 가셨지요.
바람:	그럼, 젊은 나이에 과부가 되셨군요. 자식은 없나요?
들꽃:	네, 없어요.
바람:	남편은 어쩌다가 그렇게 일찍 들꽃님 곁을 떠나셨소?
들꽃:	10년 전 여름날에 야간 사냥을 하러 갔다가 맹수에게 그만 잡아 먹혔지요.
바람:	으음, 정말 애석한 일이군요!
해설:	바람과 들꽃이 밤을 새워 얘기하는 동

안, 난롯불은 서서히 불씨를 잃어가고
있었다.

탁자 위에 놓인 접시에는 빵가루만이
여기저기에 흩어져 있었다.

바람은 눈보라에 지친 몸으로 탁자 위
를 덮었다. 바람의 코 고는 소리는 온
집 안을 가득 채웠다.

바람: (코 고는 소리) 덜커덩! 덜커덩! 쿵쿵, 피
         지직….

들꽃: 바람님이 정신을 잃고 잠이 드셨네.

해설: 들꽃은 근심을 담아 따뜻한 담요로 굳
         어버린 바람의 등을 덮어 주었다. 어느
         새 새벽이 되어 동트고 차츰 날이 밝
         아져 오자 들꽃은 일찍 양젖을 짜서

아침 식사를 준비하느라 분주하였다. 낡은 구리냄비에 담긴 둥근 감자는 걸쭉한 스프가 되고 있었다. 갓 썬 훈제 햄과 삶은 달걀과 여유분의 치즈가 새하얀 접시 위에 담긴 식사는 맛깔스러워 보였다. 햇살이 창가로 스며들자 바람은 기지개를 켜고 가슴을 들어 올리며 하품을 길게 하였다.

바람: 들꽃님. 제가 어제 어떻게 잠들었는지 기억나지 않는군요.
성신을 잃고 잠들었던가 보오.

들꽃: 그동안 지친 날들로 인해 깊은 잠을 못 이루셨죠?
평안히 주무셨나요? 바람님!

바람: 들꽃님의 친절로 살아나게 되었소.
감사하오! 이 은혜를 어찌 갚으리오?

들꽃: 봄날이 되기 전까지 저의 집 장작을
좀 패 주시고 낮에는 사냥을 다녀와
주세요.
물은 제가 항아리에 매일 가득 채워둘
게요.

바람: 들꽃님에게 조금이라도 도움이 되고
싶군요.
시간이 되면 이웃 마을로 나가서 일거
리를 좀 찾아보겠소.

해설: 바람과 들꽃은 일상생활로 돌아와 필
요한 물품을 구해다가 팔기도 하면서
이웃 사람들과 더불어 생활하게 되었

다. 이때쯤 풀잎은 여전히 눈을 뜨지 못하고 얼음 속에 갇혀서 잠들어 있었다. 아무것도 기억하지 못한 채…. 풀잎 곁에는 죽음의 흑기사가 항상 매일 얼음 장미를 한 송이씩 조각하여 새겨 두고 있었다. 마치 깨어나면 새겨둔 붉은 얼음 장미를 풀잎에게 건네며 청혼하려는 듯…. 그의 검은 망토는 시간이 흐를수록 붉게 물들어 가고 있었다. 한 줄기 빛이 얼음관 안으로 들어오면 풀잎은 깨어나고 흑기사는 얼음 속에 갇히고 마는 마법의 냉기로 굳게 잠겨 있었다.

죽음의 그림자: 바람은 풀잎을 결코 찾을 수 없어!
풀잎이 사랑의 눈물을 한 방울만이라도
흘린다면, 한 줄기의 빛과 같을 텐데.

그러면 곧 죽음의 마법과 풀잎의 사랑
이 하나 되어 만날 수 있을 텐데….

해설: 풀잎의 눈물을 받아내기 위해 온갖 정
성을 다하는 죽음의 그림자는 초라하
기 그지없었다. 그는 점점 쇠약해져 가
고 있었다. 이때쯤 바람은 풀잎을 그리
워하며 상념에 잠긴다.

바람: 시간은 한 줄기 빛과 같은가? 저 깊고
넓은 강을 건널 수만 있다면. 풀잎을
다시 한번 볼 수만 있다면…. 어디에
있소, 그대는?

해설: 꺼진 바람의 심장은 조금씩 사랑으로
불타오르고 있었다. 바람은 그 무언가
의 가슴을 달래려는 듯 사냥에서 잡은

토끼 두 마리를 어깨에 메고 매우 흡
족한 듯 휘파람을 불며 노래를 불렀다.

바람: 나의 훌륭한 사냥 솜씨는 역시나 일품
           이지!
           들꽃은 이 토끼들을 보는 순간 행복할
           거야.
           일주일 치 식량 걱정은 안 해도 되니깐
           말이야.

3막

3막 1장

봄꽃 축제

해설: 바람과 들꽃이 사는 곳은 봄꽃 마을이
       었다. 이 마을은 기나긴 겨울을 무사
       히 보낸 것에 감사하며 해마다 4월이
       면 봄꽃 축제를 열었다. 봄이 되면 이
       곳은 정말 희귀한 야생화와 직접 재배
       한 꽃들이 만발하여 향기가 온 마을
       을 뒤덮곤 하였다. 축제가 열릴 때면
       먼 외국에서도 찾아온 이들로 마을이
       발 디딜 틈이 없을 만큼 분주하였다.
       그러나 이 축제에 참가하려면 한 쌍을
       이루어야만 입장할 수 있었다. 바람은
       풀잎을 잊어본 적이 없었다.

들꽃: 바람님. 다음 달이면 저희 마을에서
       봄꽃 축제가 열려요.

바람: 제가 이 마을에서 처음으로 맞이하는

축제군요.

들꽃: 바람님. 봄꽃 축제에서 저의 짝이 되어
주세요.

바람: 풀잎, 오! 내 사랑 그대는 아직 살아있
소? (풀잎, 축제가 지나면 기나긴 망각의 강
도 녹아서 뗏목을 타고 그대를 만나러 갈
수 있을 거요. 그때까지 죽지 말고 살아 있
어야 하오)

들꽃: 바람님.

바람: 그래요. 그런데 우리의 축제 의상은?

들꽃: 걱정하지 마세요. 제가 예복을 만들게
요. 제 바느질 솜씨는 마을에서도 알

아주거든요.

바람: 봄꽃 축제가 기다려지는군요.

해설: 마을에서는 들꽃에게 멋진 남자가 나
            타나서 기뻐하였다. 그들은 참으로 잘
            어울렸다. 빵 가게 주인은 들꽃에게 행
            운을 가득 담아서 항상 빵을 곁들여서
            담아 주었다.
            들꽃은 축제 의상을 만들기 위해서 옷
            감 가게를 찾아갔다. 축제까지는 한 달
            정도 남았기에 밤낮으로 분주하게 재
            봉틀이 돌아가는 소리가 온 마을에 울
            려 퍼졌다. 이곳 마을의 아녀자들은
            집 안에서 꼼짝하지 않았고, 남편들은
            오히려 유유자적하게 낮술을 마시면서
            친구들과 담화를 나누었다. 밖은 배경

환경을 설치하느라 해가 저문 오후에
도 망치질 소리, 톱질하는 소리가 울
려 퍼졌다. 그런 반면에 죽음의 그림자
는 풀잎을 매 순간 바라보고 있었다.

죽음의 그림자: 사랑하는 풀잎, 내게 입맞춤을 해 주
오.
얼음의 마법이 풀리면 난 그대와 영원
히 살 수 있소!

풀잎: (잠든 채) 바람님. 그대의 따스함은 어
디 갔나요?
나의 심장은 점점 식어가고 차가움으
로 젖어 드는 것은 내 사랑이 떠나가고
있기 때문인가요. 냉혹 같은 죽음이
자꾸만 제게 밀려들어요.
차가운 이 사랑은 무슨 소리일까? 나

의 발가락이 꿈틀거려요.

해설: 바람과 죽음의 그림자의 풀잎에 대한
사랑은 냉전과 열정을 서로 견주듯 하
였다.
끈기 있는 이들의 사랑은 모두 당해낼
자가 없었다. 죽음의 그림자는 어찌 보
면 나르시시즘에 빠진 것처럼 거울을
들여다보고 자신과 대화하는 것 같았
다. 검은 천으로 가려져 있지만, 마른
몸에 늙지 않는 젊음을 지닌 육체. 눈
은 아주 부드럽지만, 또 다른 한편으로
는 아주 차가웠다. 그리고 그는 잘생긴
얼굴이었다. 늘 어둠에 가려진 채 우
울한 모습이 멋있었다.
그러나 바람은 생기가 넘치는 젊은 혈
기로 키가 아주 컸으며 지나친 부드러

움으로 얼음도 그 앞에서는 모두 녹아
났다. 그의 부드러운 음성 앞에서 사
랑은 비켜 갈 수 없었다.

바람: 따스한 이 봄날, 내 가슴이 왜 이토록
시린 걸까?
그 무엇이 나의 심장을 깨우는 것일
까?

풀잎: 바람님. 제 심장은 움직일 수는 없지
만, 꿈속에서 그대가 보여요.
어디에 계세요?
제 곁을 결코 떠나지 않는다고 깊은 언
약을 맺었던 것을 잊으셨나요? 제가
눈이 멀었나요, 아니면 잠든 건가요.
아무것도 보이지는 않지만 차가운 심
장 소리만 들려요. 그대는 누구죠?

해설: 죽음의 그림자는 단 한 번도 잠들지
않고 계속 풀잎의 곁을 지켜왔던 것이
었다.

그의 작은 걸음과 말소리가 얼어붙은
풀잎의 심장을 깨우고 있었던 것이다.

같은 시각, 바람의 심장에서 들려오는
풀잎의 음성 또한 바람을 일깨우고 있
었다. 바람은 잠시 눈을 감으며 사랑을
추억해 보았다.

바람: 난 이 축제를 끝내고 풀잎을 찾으러 떠
나야 하오!

들꽃: 아, 슬프도다!
바람님이 제 곁에 있는 동안 행복했어요.
그런데 만나자마자 이별이라니. (쓰라린
가슴을 안으며)

바람: 그대와의 짧은 인연은 내게도 행복이
        었지만, 나의 전 존재를 찾아 떠나야
        하오.

들꽃: 길고도 얼어붙은 긴 강은 녹았겠죠.
        어떻게 건너가실 건가요?

바람: 뗏목을 밤새워서 만들어야겠소. 내 사
        랑이 부르는 소리가 들려요.

해설: 드디어 봄꽃 축제를 벌였다. 마을의 모
        든 사람이 갖가지의 의상을 차려입고
        한 쌍을 이루며 나타났다. 들꽃은 가슴
        이 움푹 팬 하얀 드레스 왼쪽 가슴에
        붉은 장미를 달았다. 바람은 검은색 슈
        트 오른쪽 가슴에 백합을 달았다.
        그들은 마치 부부가 입장하는 것처럼

보였고 참 잘 어울리는 한 쌍이었다.
그리고 마을 사람들은 제각기 딸기잼,
사과잼, 와플, 모닝 빵, 스파게티, 치즈,
와인, 베이컨 등을 들고 와 마을 축제
를 풍성하게 만들었고 악기 연주가들
은 아코디언과 바이올린 연주로 흥을
북돋아 주었다. 서로 포크 댄스로 친
교의 인사를 나누었다. 이웃 마을 사
람들은 바람을 아주 친절히 맞이해 주
었고 좋아했다. 남자들은 함께 숙성된
와인으로 축배의 잔을 들었다. 이어서
봄꽃 축제에 한 쌍씩 등장할 때는 바
람과 들꽃의 흑백 의상이 유독 눈에
띄었다.

죽음의 그림자: 사랑하는 풀잎이여, 눈을 떠 보오.
바람은 그대를 잊었소.

눈에서 멀어지면 마음에서도 멀어진다
오.
그대의 심장을 깨우지 못하는 이 연약
함을 인정하오.
어느새 여러 해가 흘렀소.
그대는 아는지.
작은 물방울도 아주 작지만, 지속해서
바위에 떨어지면 큰 바위도 쪼갤 수 있
다는 것을….
난 풀잎 그대를 놓아줄 수 없소.
바람이 그대와 나를 결코 갈라놓을 수
는 없을 것이오!

해설: 죽음의 그림자가 마법을 풀기 위해서
는 풀잎의 눈물이 필요하였다.
어느새 죽음도 풀잎 앞에서는 사랑이
피어나지 않을 수 없었다.

빛은 조금도 없고 어둠밖에 없는 마법
속에도 빛이 드는 것은 무엇 때문이었
을까?
이때쯤 바람은 뗏목을 만들 재목들을
찾으러 숲으로 향했다.
바람은 해가 저물 때까지 여러 그루의
나무를 자르고 못질을 하고 긴 시간을
항해할 수 있을지 측정하면서 인생의
마지막 열정을 다하듯 땀을 쏟았다.

들꽃: (간식을 품에 안고서) 뗏목을 만들 재목
        들은 잘 고르셨나요?

바람: (이마의 땀방울을 닦으며) 거친 물살을 떠
        올리며 신중하게 작업을 하고 있소.

들꽃: 허기지시죠? 따스한 커피와 갓 구운

빵 좀 드셔요.

바람: (기운이 소진한 듯 긴 호흡을 내쉬며) 으음, 달콤한 커피여!

해설: 그들은 잠시 나무 그늘에 앉아서 간식을 먹으며 서로의 체온을 느끼며 지난번 봄꽃 축제에 관한 얘기를 나누었다.

들꽃: 바람님은 봄꽃 축제에서 어느 한 쌍이 가장 기억에 남으세요?

바람: 붉은 장미와 백합의 향기가 어우러진 들꽃이라 보오.

들꽃: (붉어져 가는 얼굴을 감추듯) 하늘이 참 맑아요.

바람: 이제 뗏목을 띄워 보려는데, 좀 도와
주오.

들꽃: 어머! 아주 작은 뗏목인데 세찬 파도
가 밀려오면 부서지지 않겠어요?

바람: 큰 뗏목보다 작은 뗏목이 더 튼튼하
오. 항해에는….
풍향을 알아야 하니, 흰 돛을 가져와
보오.

해설: 바람은 헌 천 조각을 꼬깃꼬깃 모아
들꽃에게 열흘 넘도록 정성을 들여서
재봉해달라고 부탁하였다. 오색 색동
으로 꾸며진 돛은 화려했다.
돛을 달자 곧 항해를 하여도 무리가
없어 보였다. 그날은 뗏목 완성의 축하

와 이별을 위한 저녁 만찬이 숲속에서 준비되었다. 들꽃의 눈동자에 살며시 고인 눈물이 넘쳐나려고 했다. 해가 저물자 숲속 한가운데는 모닥불이 지펴졌다. 들꽃이 준비해 온 바비큐는 바람의 손으로 지글지글 익혀지고 있었다. 20년산 포도주가 적당히 담긴 유리잔을 보며 바람과 들꽃은 한동안 말이 없었다.

바람은 바비큐의 잘 익은 살점을 뜯어서 가지런히 접시에 담아 들꽃에게 건넸다.

바람: 고기가 제법 잘 익었으니 먹어 보오.

들꽃: 바람님도 같이 먹어요. 우리 함께 와인 한 잔 어때요?

바람: (와인잔을 부딪치며 지난날을 잠시 회상한
         다) 들꽃을 만난 지도 어언 1년이 넘었
         을까? 혹독한 날씨에 동상에 걸린 나
         의 몸, 죽지도 못하고 가까스로 살아남
         은 난 잠시 세상과 어우르다 떠나려 하
         오. 떠나려고 해도 떠나고 싶지 않음
         은 안주함이오.
         이 내 심정, 영원토록 그대의 은혜를
         잊지 않으리오.
         내 심장의 일부분에 갓 피어난 들꽃은
         살아서 숨을 쉴 것이오.
         우린 이렇게 벗이 되어 곧 길을 떠나야
         하는 슬픔의 눈물을 삼키려 하오.

들꽃: 내 벗이여! 그대를 내 품 안에 두고 길
         이길이 사랑하며 살고 싶어요.
         그러나 보잘것없는 제게는 사치라는

생각이 드네요.

지금의 아픔은 영원한 생명의 길이라 믿으며, 그대를 그리워하며…. (흐느끼며 말을 잇지 못한다)

해설: 바람과 들꽃은 영원한 벗의 약속을 기리며 침묵한다.

이들은 이렇게 숲속에서 모닥불의 심지가 꺼져 가는 것도 잊은 채로 잠들었다.

붉은 태양이 떠오르자 이른 새벽이 밝았다.

드디어 바람은 짐을 챙겨서 풀잎을 찾으러 옛목에 오른다.

들꽃: 내 벗이여! 안녕! 사랑하는 임을 꼭 찾기를 바랄게요.

바람: 내 사랑이여! 그대를 영원토록 기억하리라.

해설: 바람은 녹은 긴 강을 따라 미지의 세계로 닻을 올리며 길을 떠난다.
풀잎은 어디선가 사랑이 움직이는 것일까 하며 심장이 서서히 깨어난다.
죽음의 그림자는 365일 동안 누워서 잠든 적이 없었다. 풀잎을 지키느라 그의 온몸은 더욱더 검게 변했지만, 그의 눈동자만은 항상 푸른색을 유지했다.

죽음의 그림자: 풀잎이여! 그대는 죽었는가, 살았는가?
왜 아무런 말이 없는가?
심장은 쉬는지…. 왜 나를 거부하오?

풀잎: 제가 비록 연약한 풀잎이지만 어찌 사

랑의 언약을 한 내 임을 저버릴 수 있
으리오? 눈에 보이지 않아도 임은 항
상 그곳에 있지요.
제가 그대에게 눈을 돌이킨다면 주검
과 같으니 딴생각은 품지 마세요. 분명
히 바람은 저를 찾아올 거예요.

바람:　　　　떼목을 타고 강을 건너는 시간은 처음
이자 마지막을 알리는 나의 전부요.
그대가 분명 살아 숨 쉰다면 아무것도
바랄 것이 없소.

해설:　　　　바람은 온 힘을 다해 노를 젓는다.
멀리서 희미하게 작은 섬이 보인다.
섬 주위로 수백 마리의 까마귀들이 날
아다닌다.
신비의 섬으로 불리는 구름 섬은 어둑

한 하늘빛에 짙은 먹구름으로 뒤덮여 있었다. 그리고 구름 섬에 들어간 사람은 그 누구도 살아서 돌아온 자가 없었다.

바람: 아! 들꽃이여!
내 사랑아! 그대를 만나러 이 험한 길에 들어섰소.
그대와 나, 운명의 사랑을 어찌 막을 수 있겠소.

해설: 바람은 세찬 파도에 허우적거리며 뗏목을 궁전 같은 섬 모퉁이에 정박한다.
그리고 가파르게 깎인 바위를 타고 성문의 입구를 찾는다.
하늘은 이슬비를 내리니, 앞은 짙은 안개로 바람의 갈 길을 막는다.

죽음의 그림자: 고요한 하늘에서 이슬비가 내린다. 차
가운 나의 심장조차 적시는 그 누군가
의 발소리는 무엇인가?

신비의 만남

해설: 따스한 온기가 신비의 문을 두드린다.
　　　 바람은 절벽을 타고 풀잎을 그린다.
　　　 풀잎은 긴 시간 동안 얼어 있어서 핏줄
　　　 기조차 멈춰 있다.

바람: 나의 마음을 이끄는 그 무언가의 길
　　　 안내자가 나침반이 되어 준다.
　　　 사랑으로 눈이 먼 자처럼, 보아도 보이
　　　 지 않는 사랑이여! 대답해 주오!

풀잎: 바람의 목소리가 얼어붙은 내 심장을
　　　 부르네요! 그대는 누구세요?
　　　 내 눈동자를 돌려주오!

해설: 풀잎이 어렵게 눈을 뜨자 죽음의 그림
　　　 자는 무릎을 꿇은 채 풀잎의 발 앞에
　　　 엎드려 잠들었다. 순간 풀잎은 바람을

망각해 버리고 새로이 깨어난 듯 죽음의 그림자를 자신의 가슴속에 받아들인다. 풀잎은 손가락 하나를 살며시 움직이기 시작한다. 그리고 죽음의 그림자의 볼을 만져 본다. 그들에게서 또 다른 사랑이 피어난다. 이때쯤 바람은 단 하나뿐인 풀잎을 찾으러 성문 앞에 들어선다. 불같은 순수한 열정 앞에 성문은 기다린 듯 자연스럽게 열린다. 그 순간 바람은 풀잎의 고운 손길이 죽음의 그림자의 볼에 놓이는 것을 보고 풀잎을 불러 본다.

바람: 풀잎! 내가 바람이오! 그대를 단 한 번도 잊어본 적이 없었던 바람이오!
풀잎! 그대와 나는 그 누구도 결코 갈라놓을 수 없소!

풀잎: 죽음의 그림자여! 그대가 저를 보호해
           주었나요? 저를 사랑하셨나요?

해설: 풀잎의 속삭임에 죽음의 그림자도 몸
           을 움츠리며 눈을 뜨기 시작한다.
           풀잎의 눈물 한 방울이 얼음관을 타고
           흐르자 저주의 마법이 풀린다.
           그들은 그렇게 눈동자를 마주쳤다. 그
           러자 어둑한 그곳에 환한 태양 빛이 새
           어들고 생명의 꽃들이 피어나기 시작
           한다.

바람: (눈물을 흘리며) 어찌 그 사이에 날 잊을
           수 있단 말인가?

풀잎: 제 가슴이 타오르기 시작해요. 죽음의
           그림자가 심어놓은 그 세월의 자그마

한 사랑이 피어나요.

죽음의 그림자: 뜨거운 사랑을 감출 수가 없군요.

해설: 죽음의 그림자는 마법에 걸려 화상을
입은 흉측한 얼굴을 덮은 망토를 벗어
던지고 풀잎의 영혼과 뒤섞인다.
풀잎의 차가운 얼음과 붉게 불타는 죽
음의 그림자와 나누는 끊임없는 사랑
의 속삭임은 결국 인간의 모습으로 태
어난다.
그의 알몸은 싱싱한 소나무처럼 푸르
렀다.

죽음의 그림자: 백발이 돌아온다.
나의 곡선으로 굽은 코, 흰 살과 부드
러운 눈빛으로 되돌아온다.

바람:	난 사라져간다.
	손도, 다리도, 눈도, 인간 세상에서 임
	을 사랑했던 마음도 사라져 간다. (그
	의 눈에서 눈물이 한없이 흐르자 바닷물이
	되어 푸른빛을 더한다)
해설:	죽음의 그림자는 기나긴 생명의 발돋
	움으로 풀잎과 하나 되어 찬란한 태양
	으로 바뀌었다. 그러자 바람은 홀연히
	사라지더니 깜깜한 어둠 속의 달빛이
	되어서 작은 별빛을 마주 보며 지금도
	말을 잊은 채로 어둠을 비춘다.

끝.